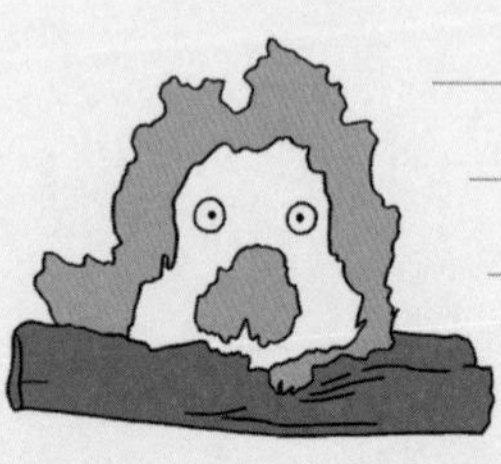

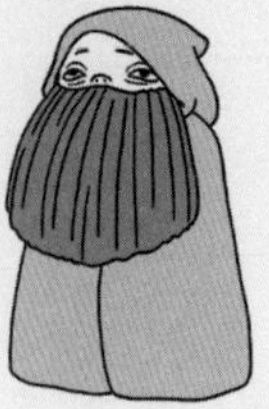

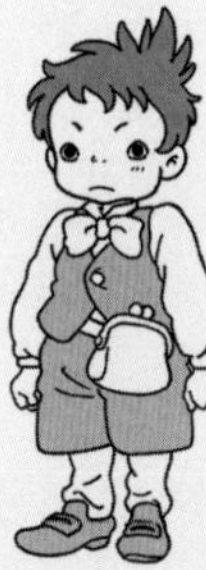

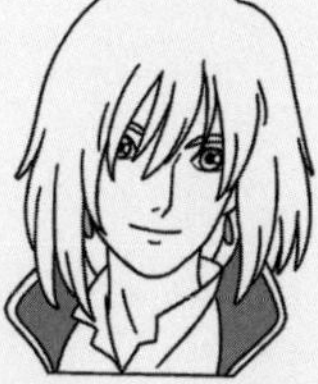

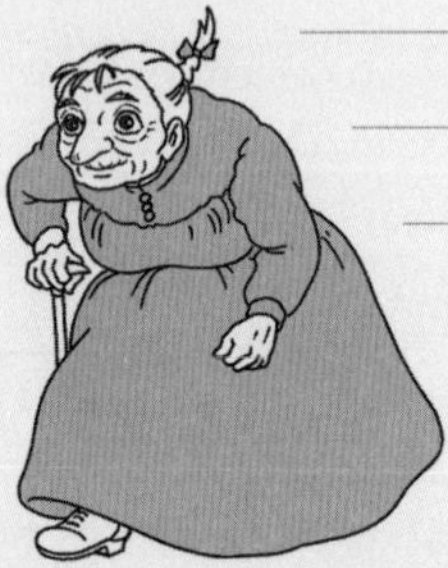

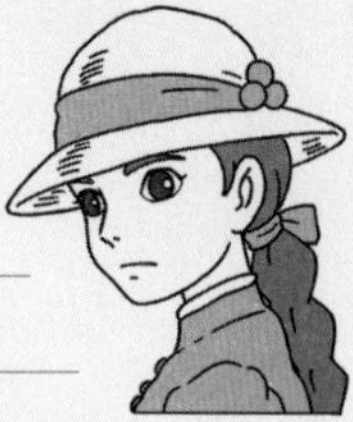

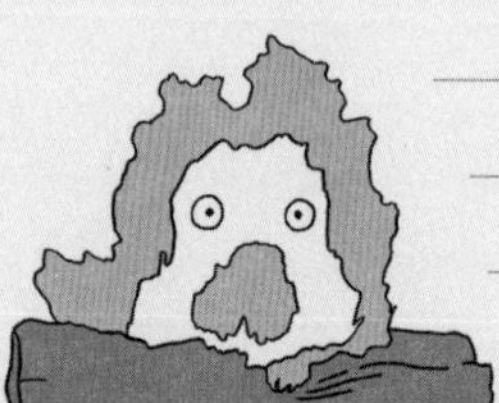

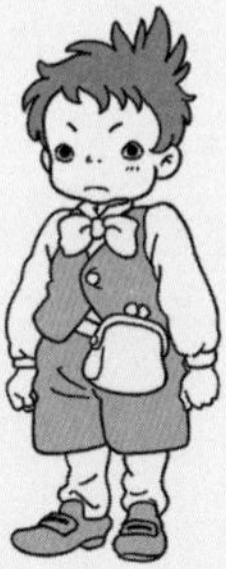

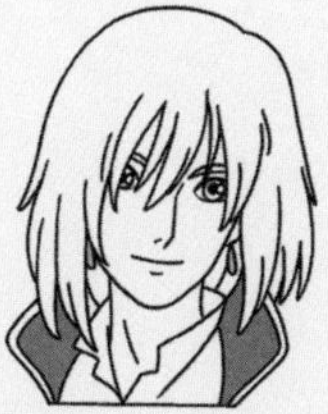

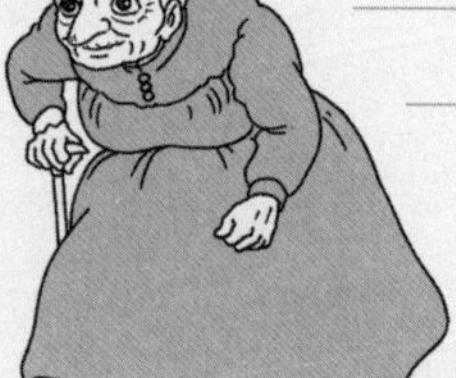

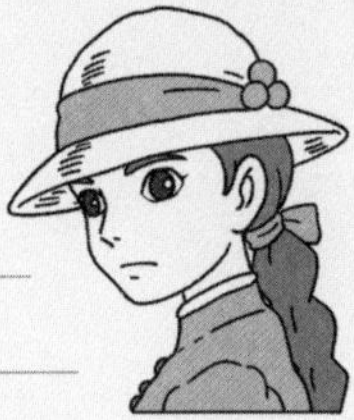

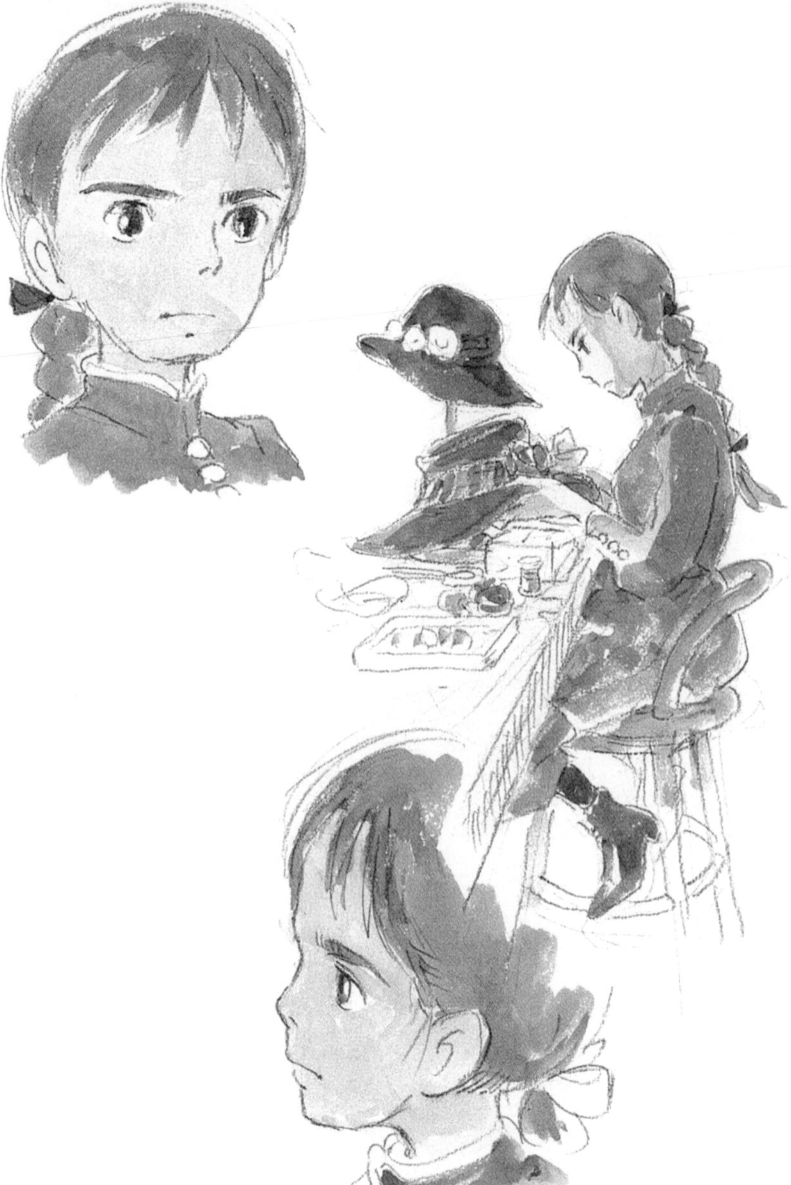

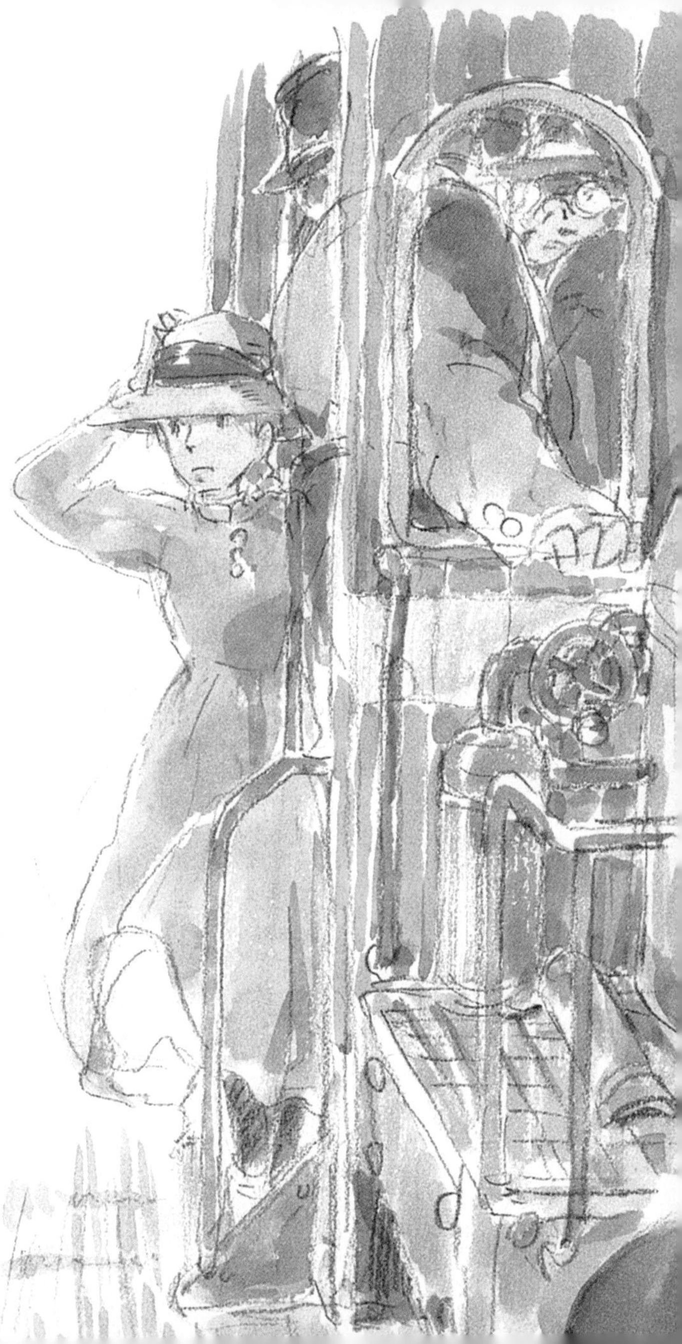

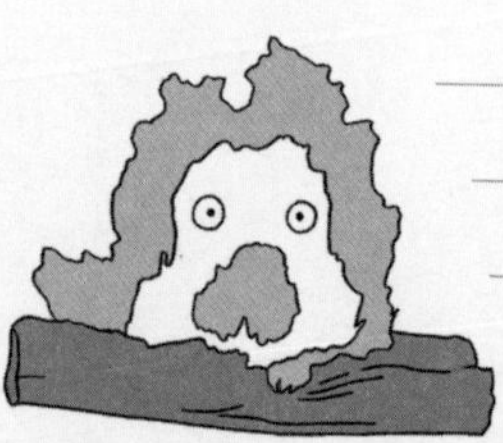

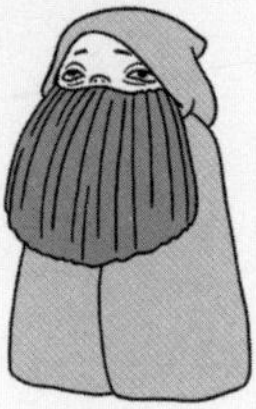

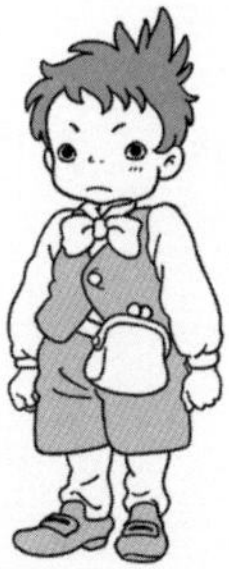

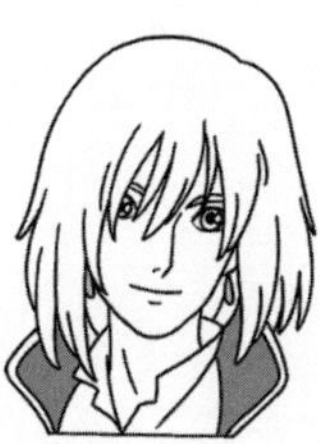

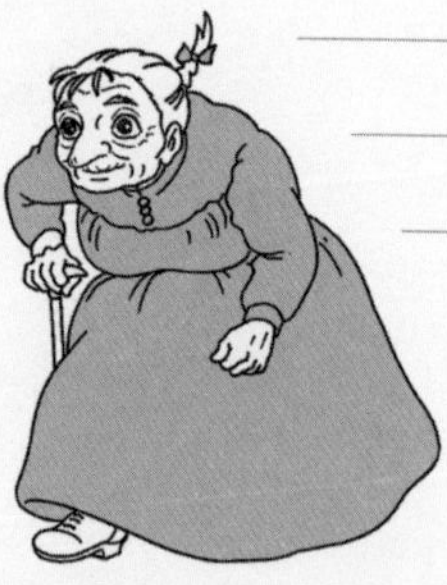

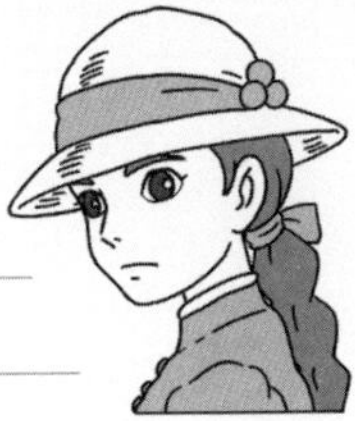

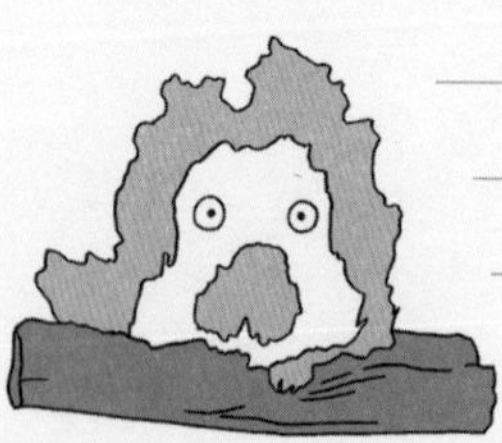

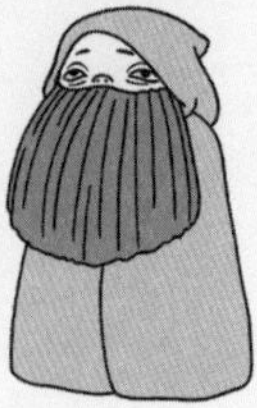

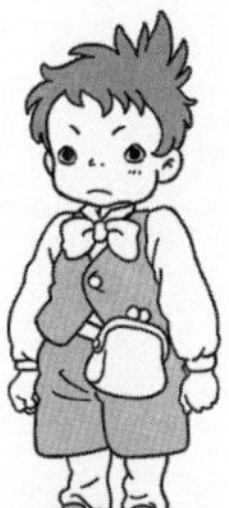

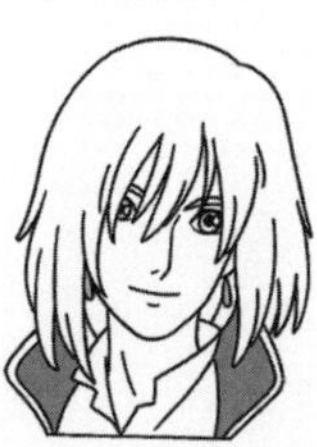

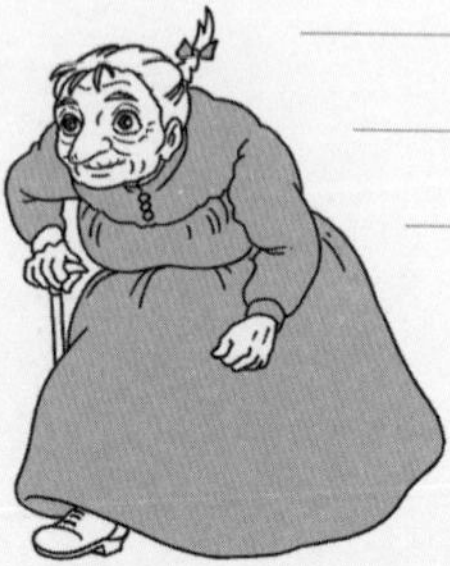

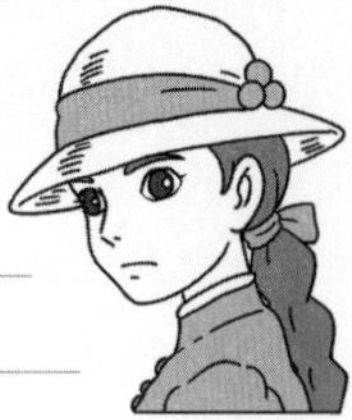

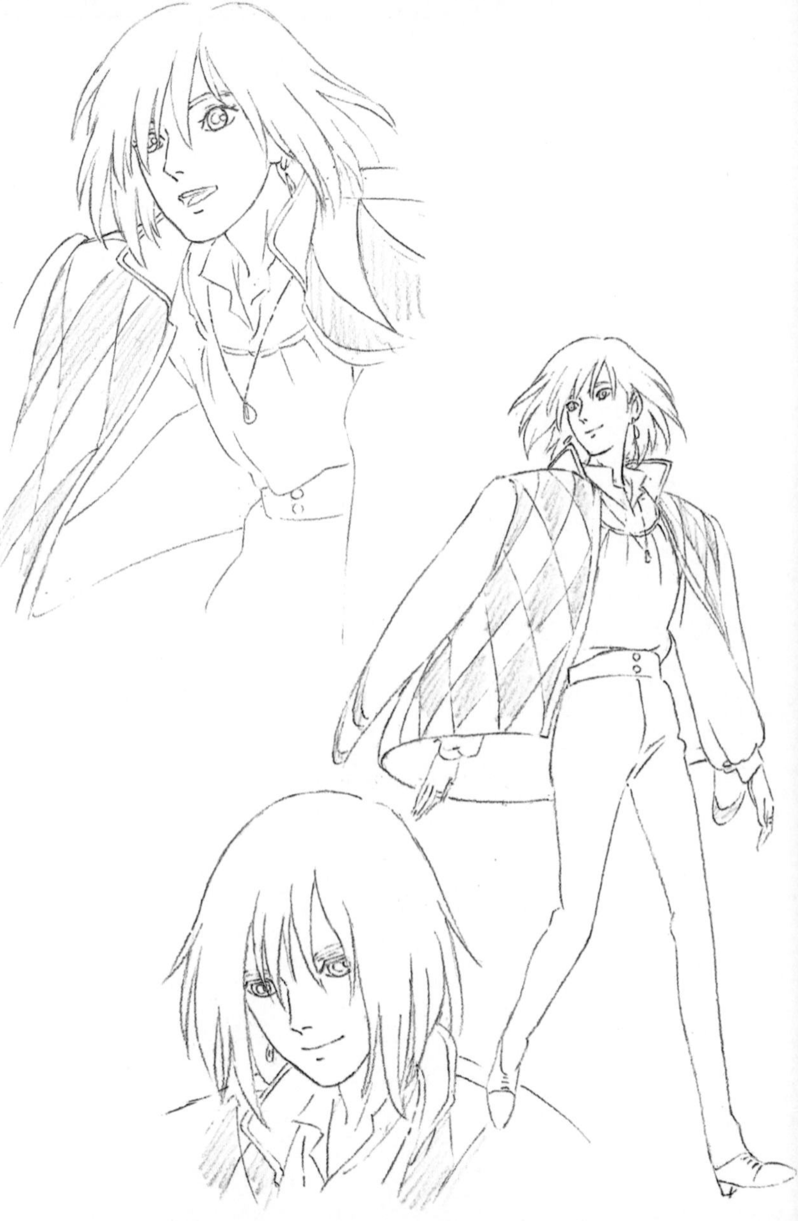

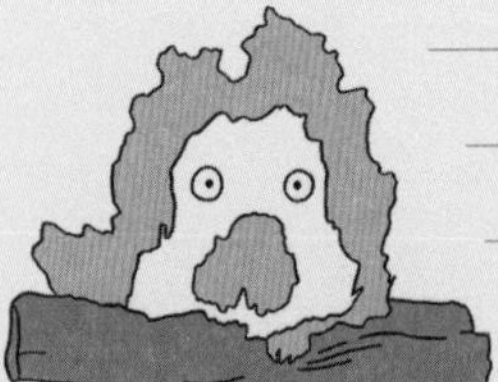

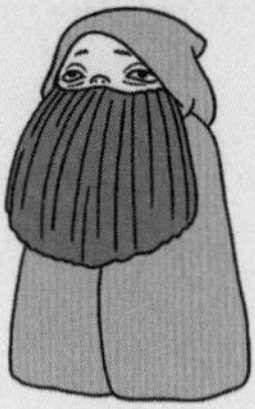

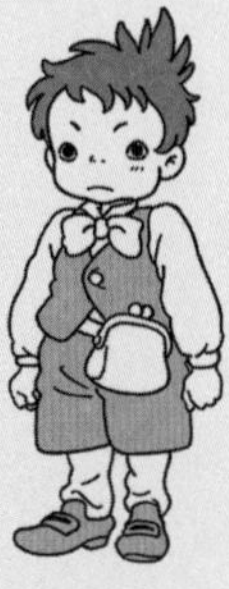

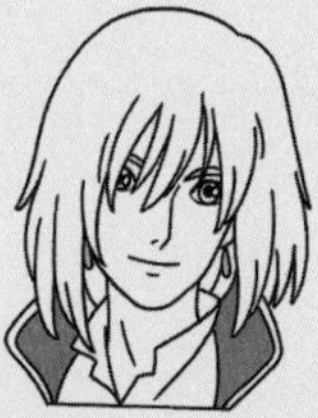

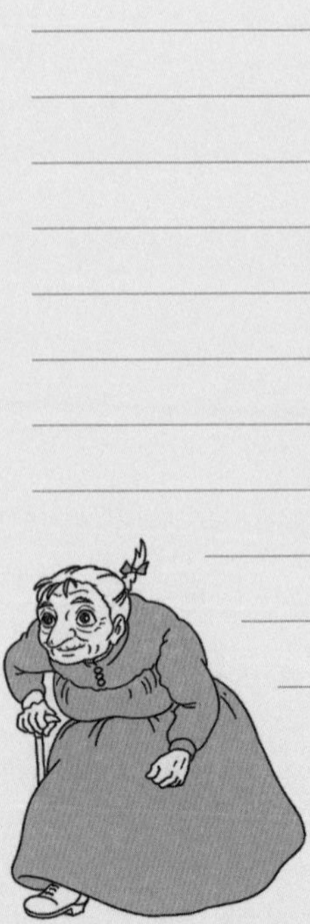

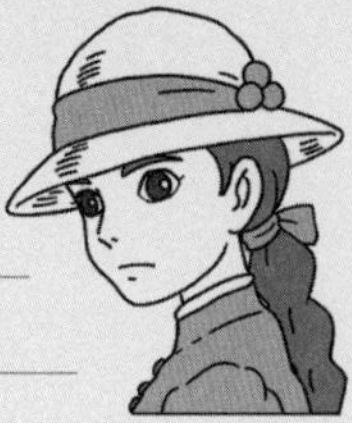

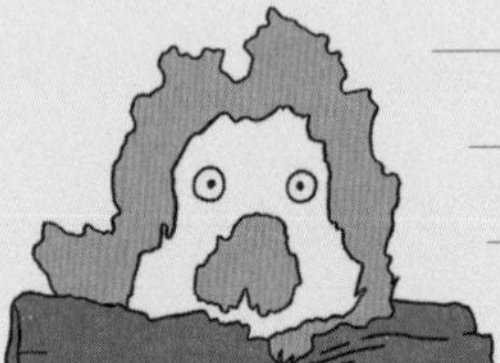

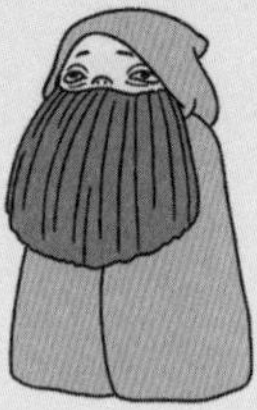

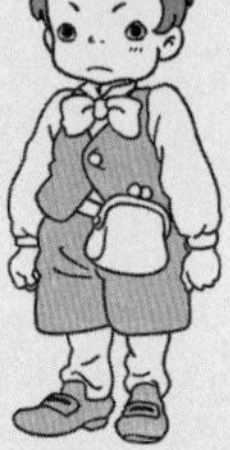

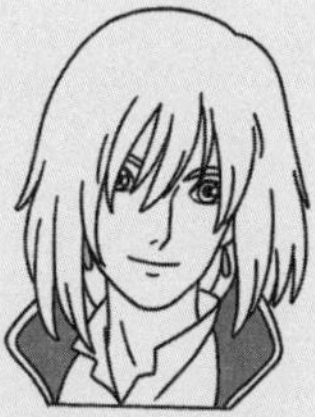

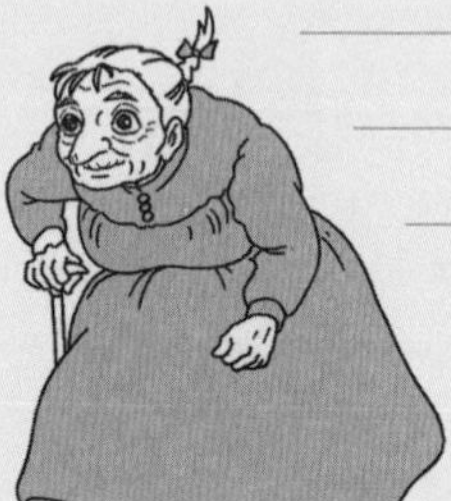

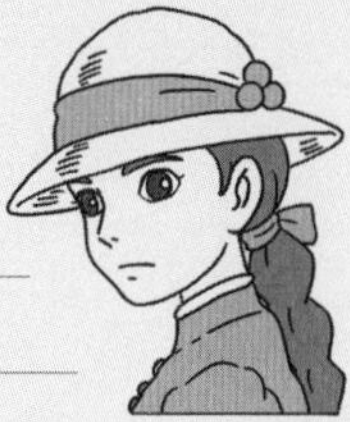

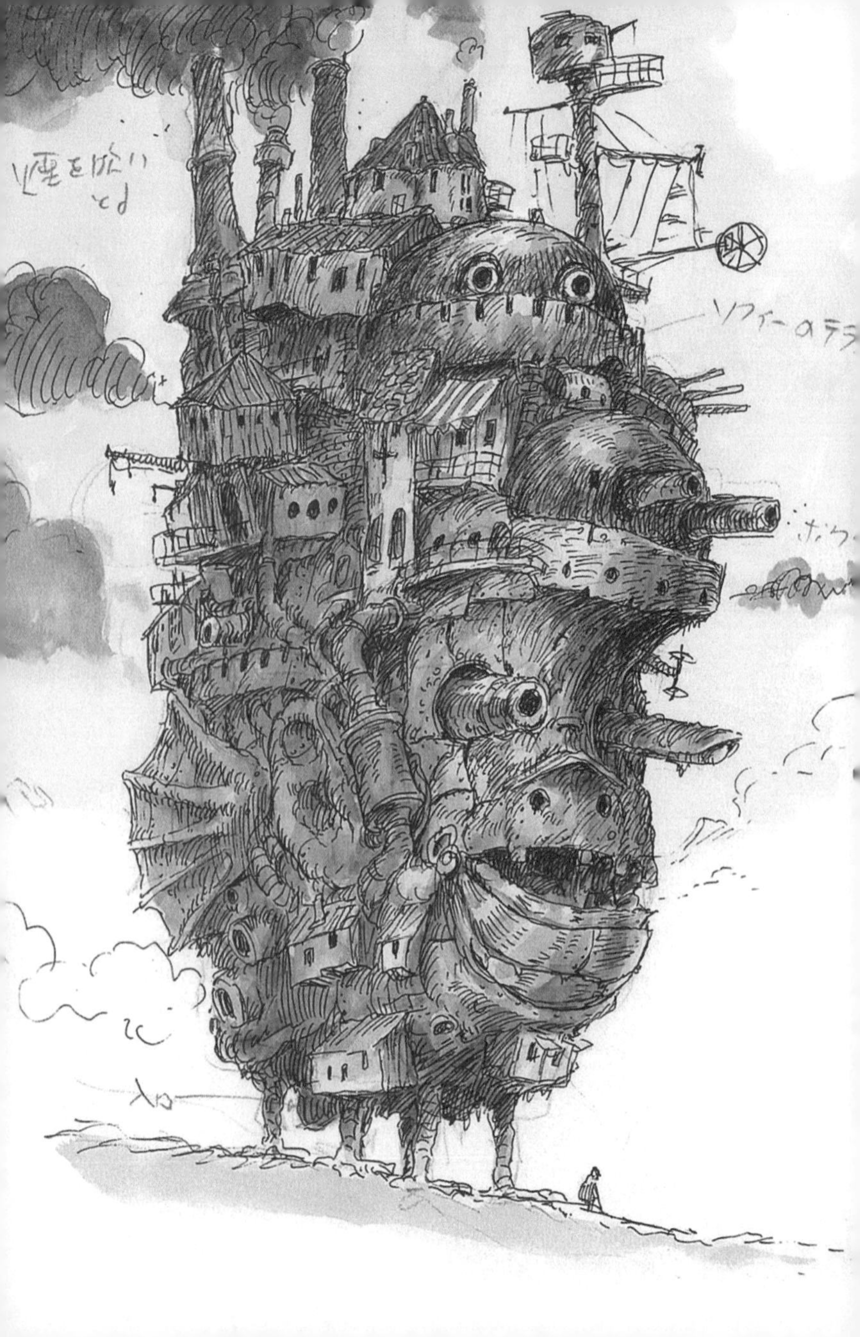
煙を吐い
てる
ソフィーのテラ
入口

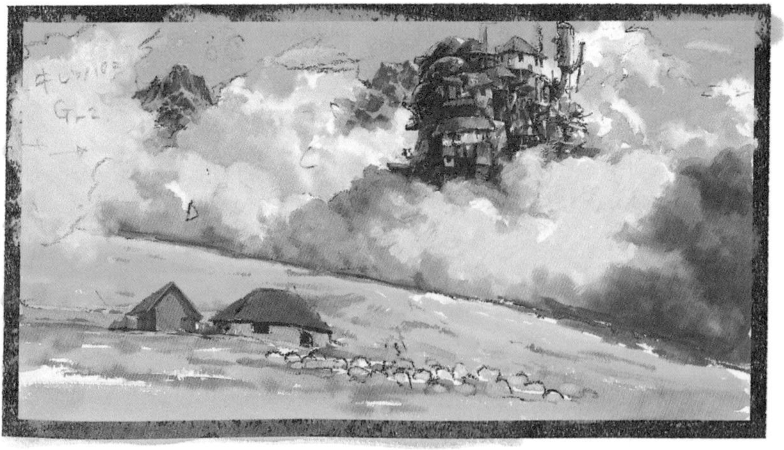

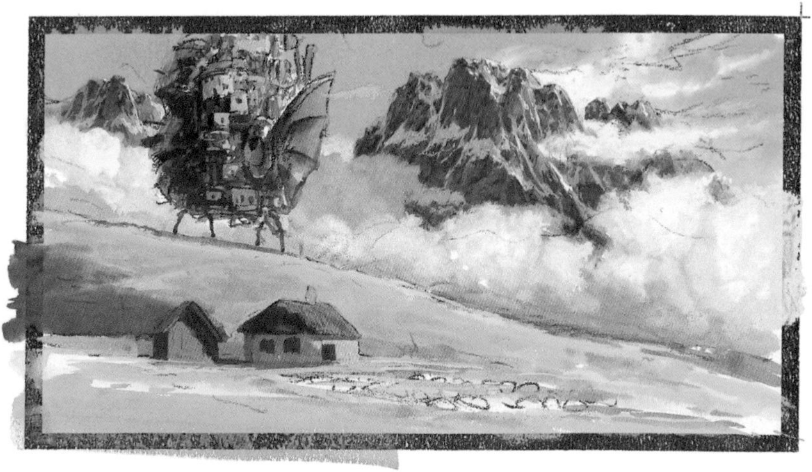

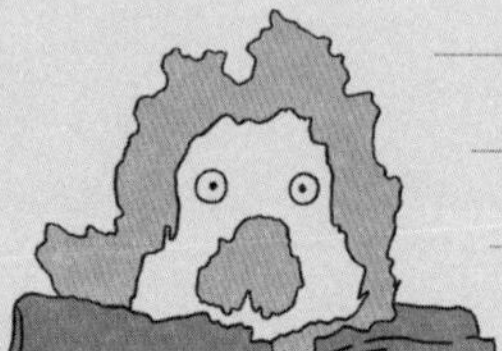

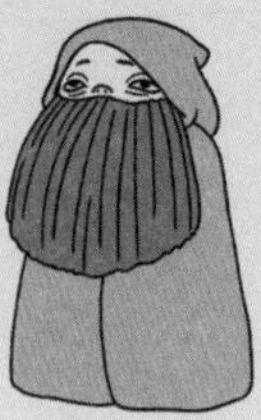

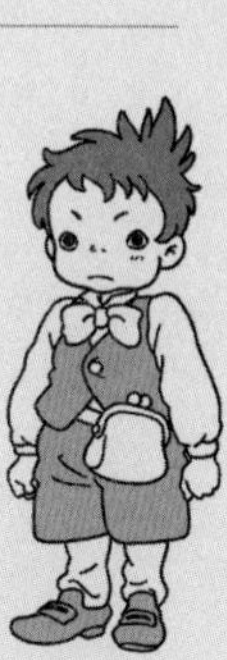

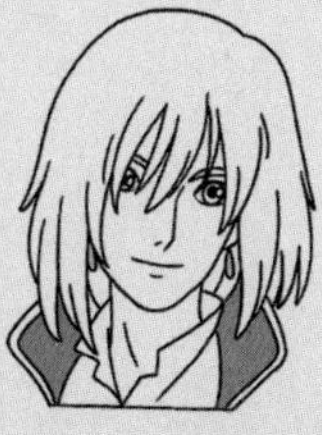

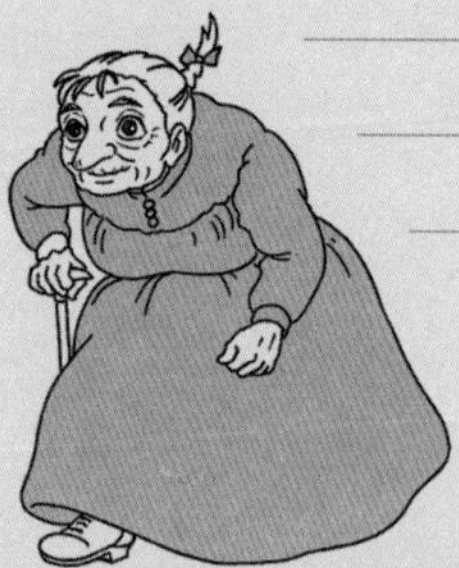

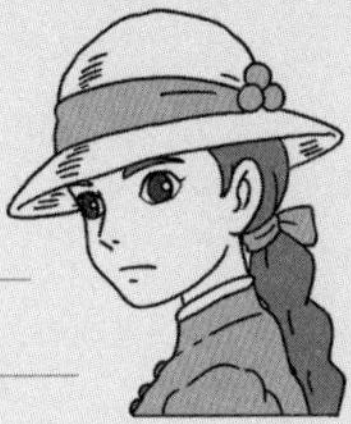

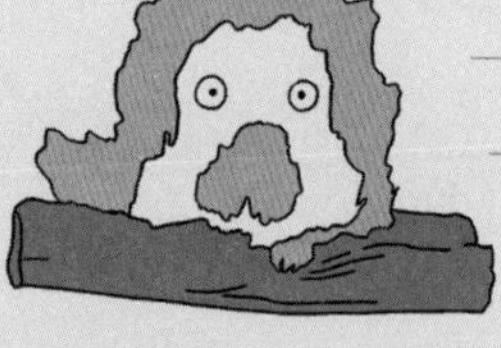

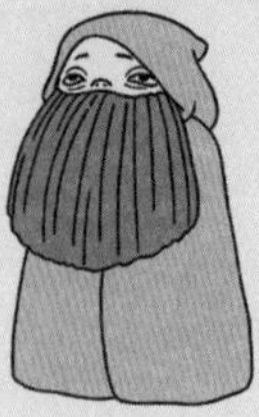

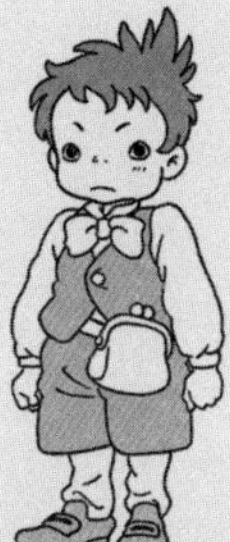

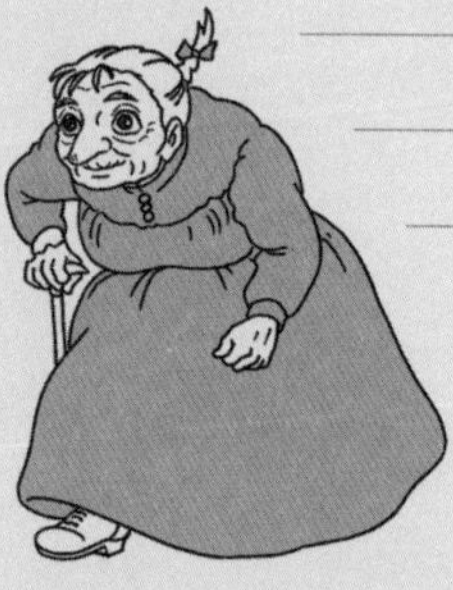

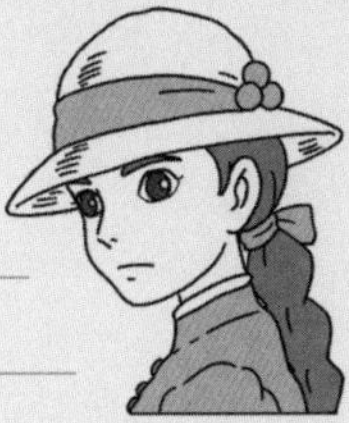

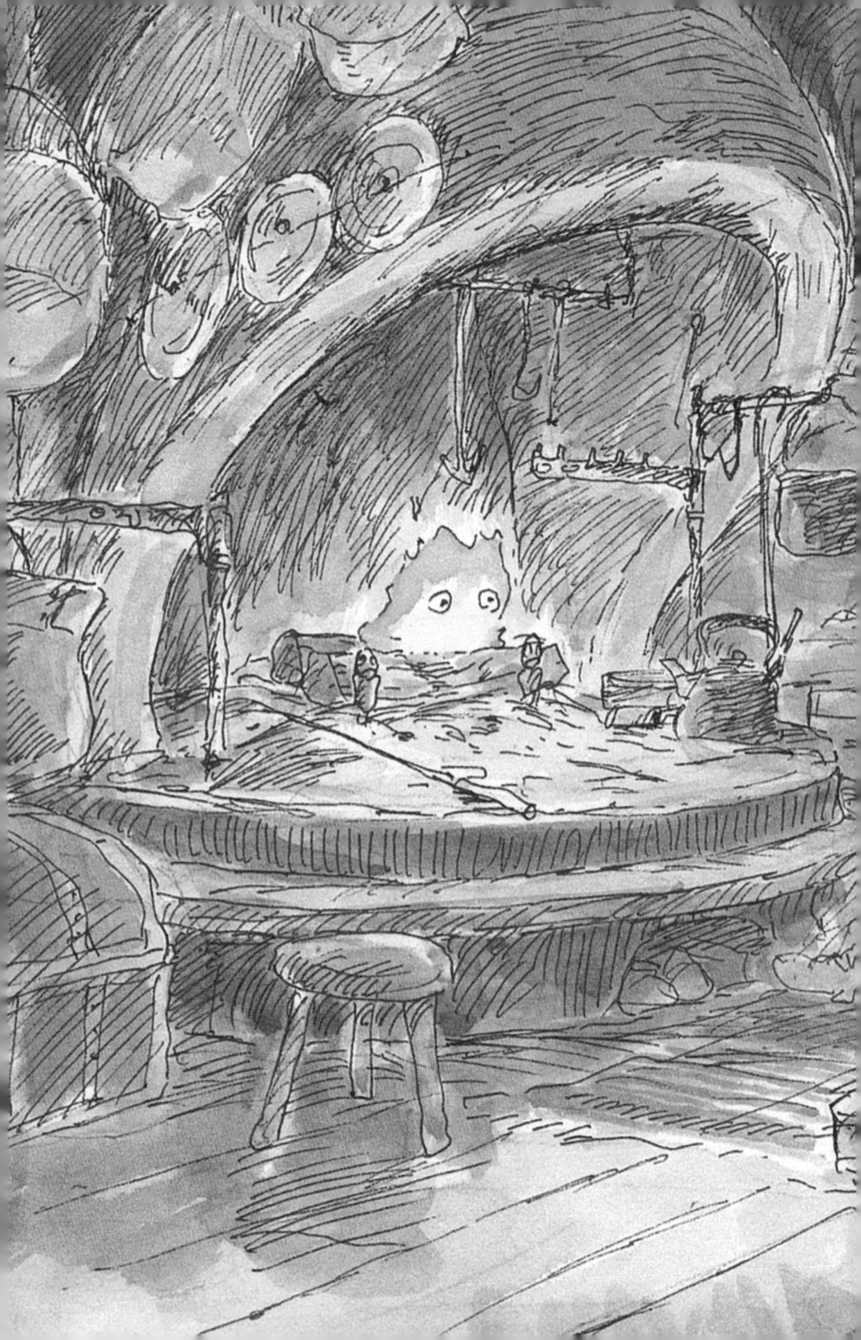

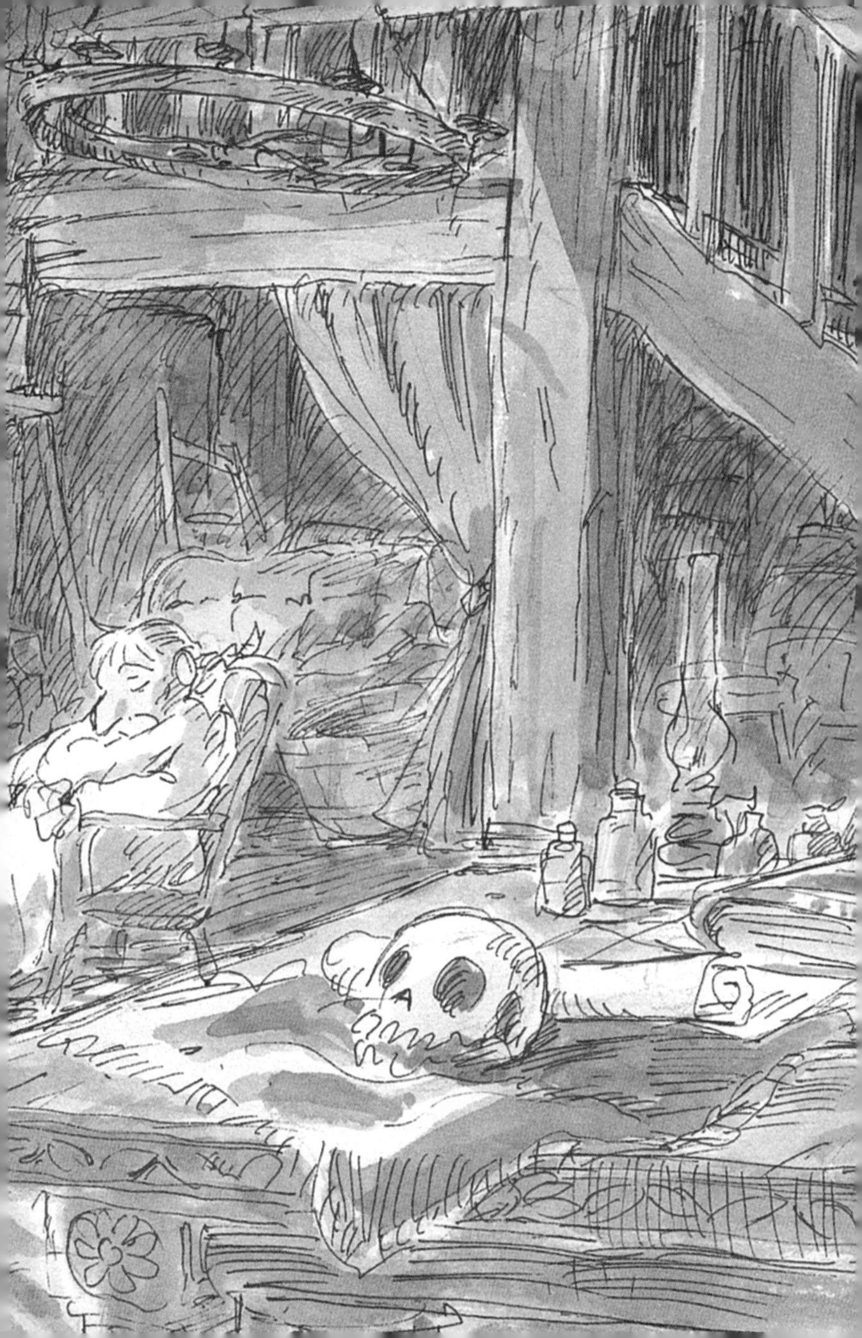

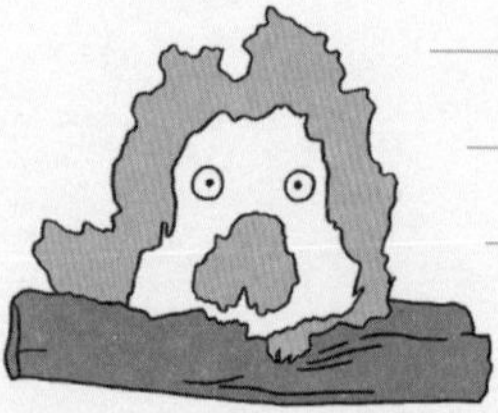

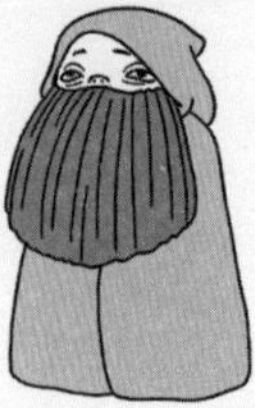

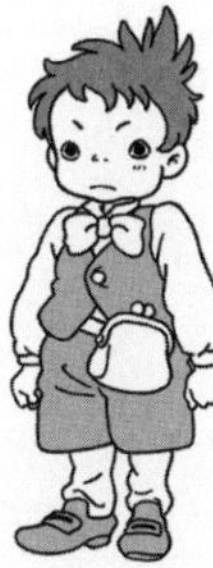

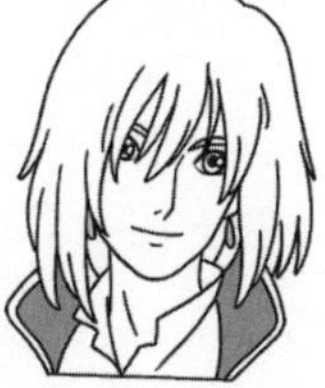

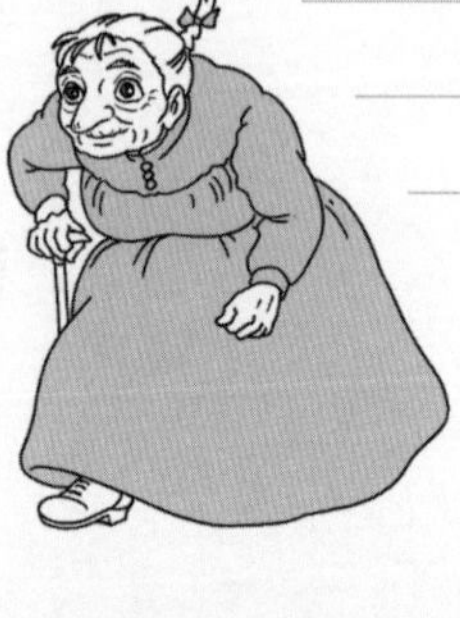

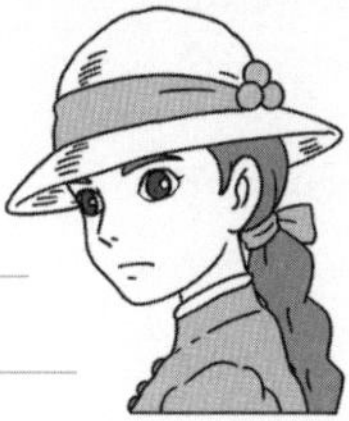

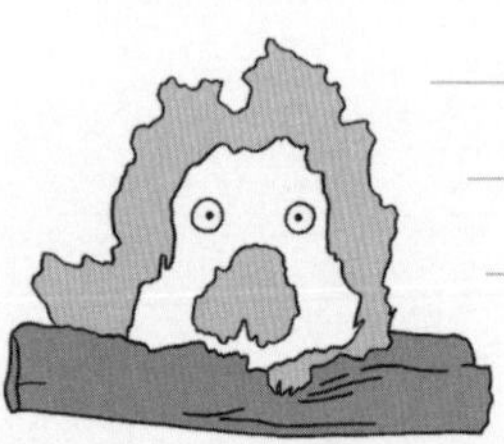

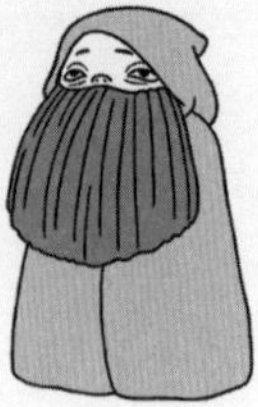

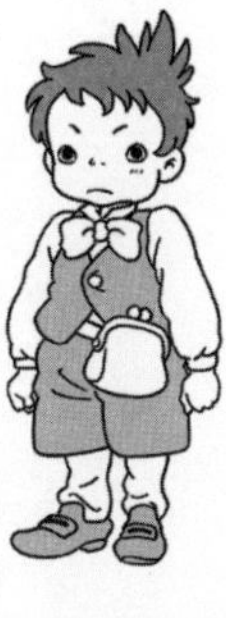

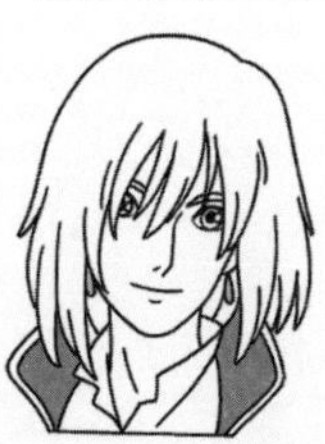

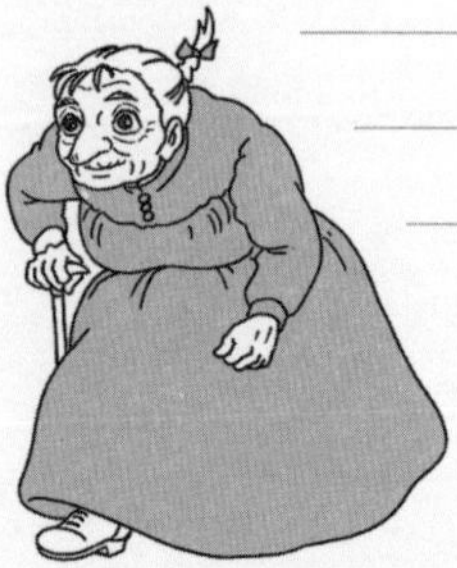

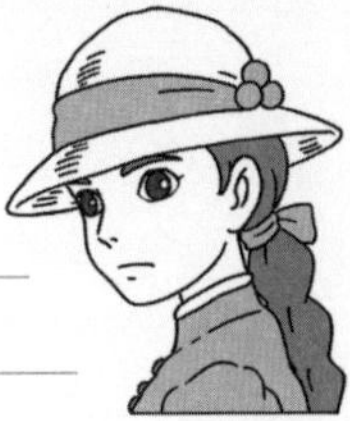

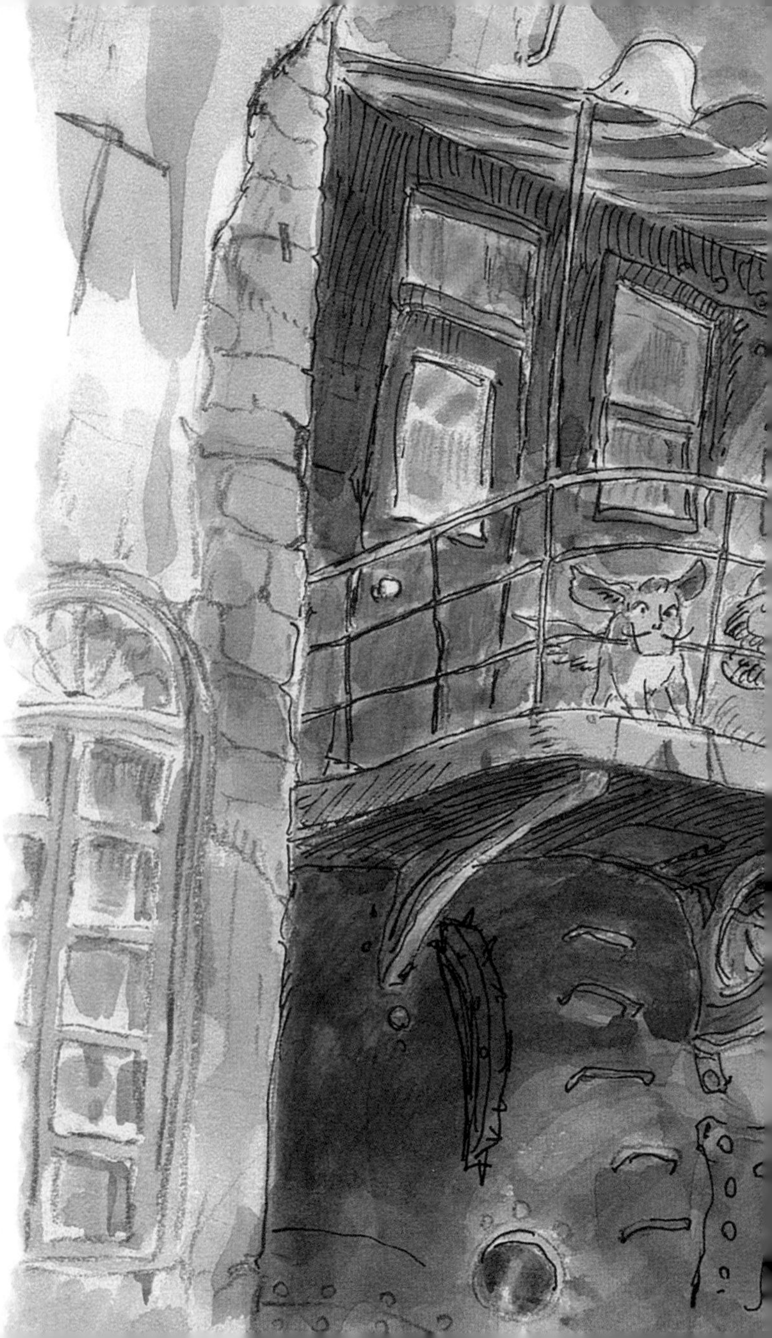

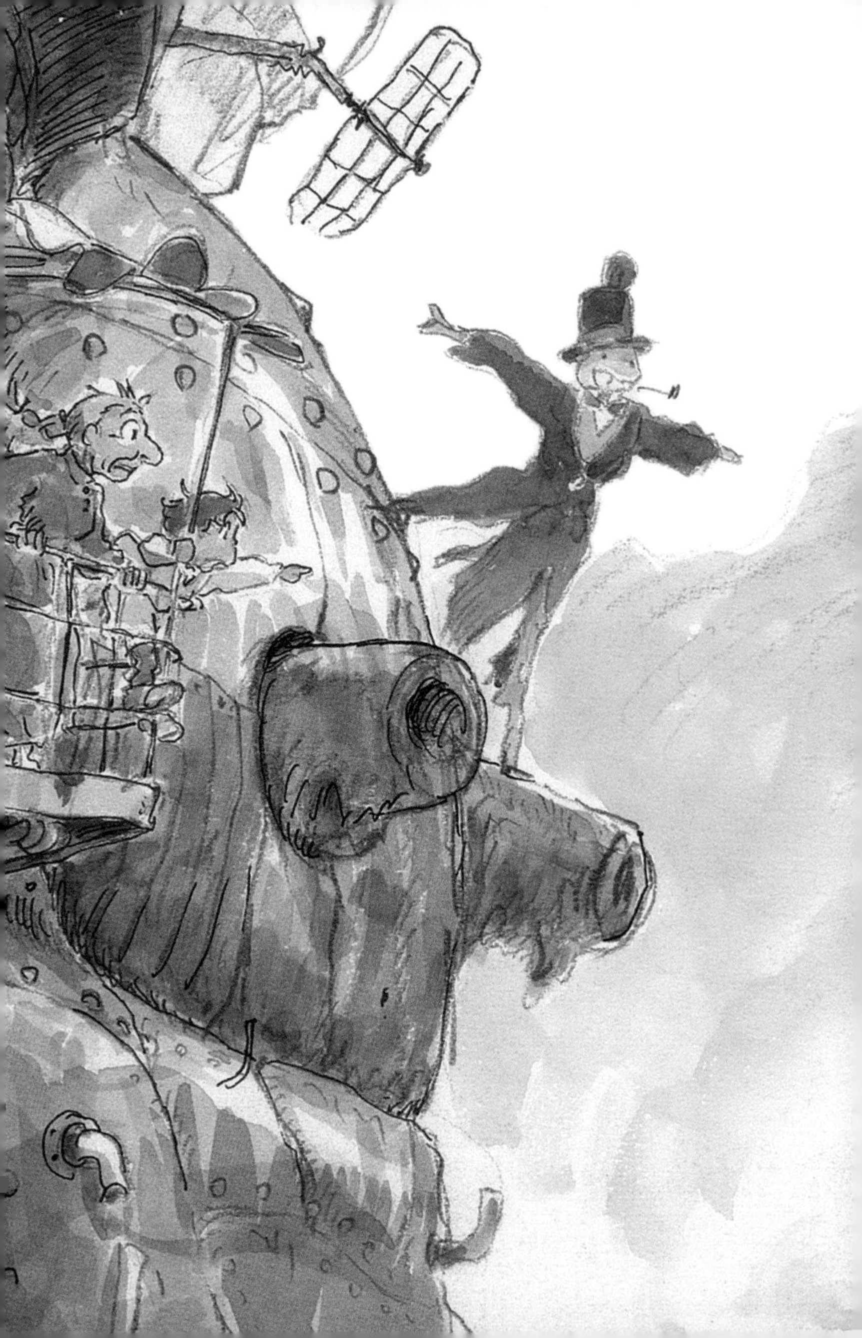

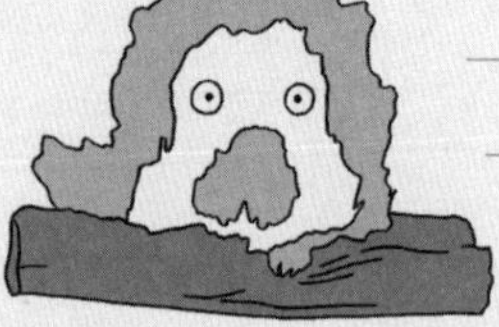

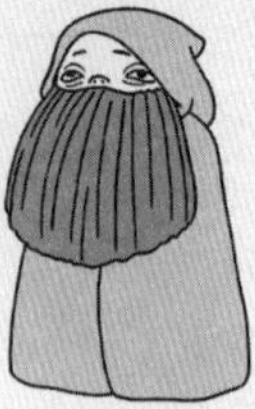

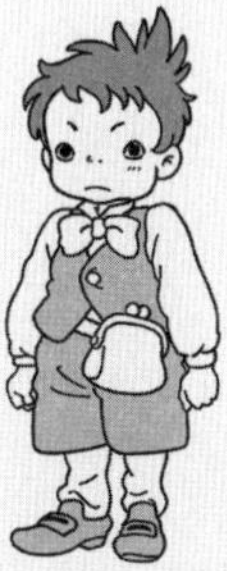

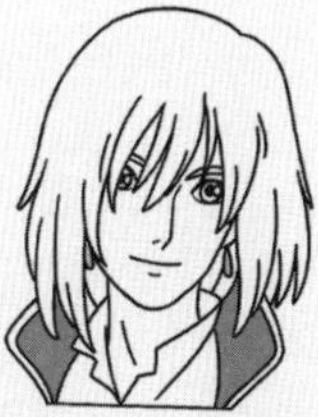

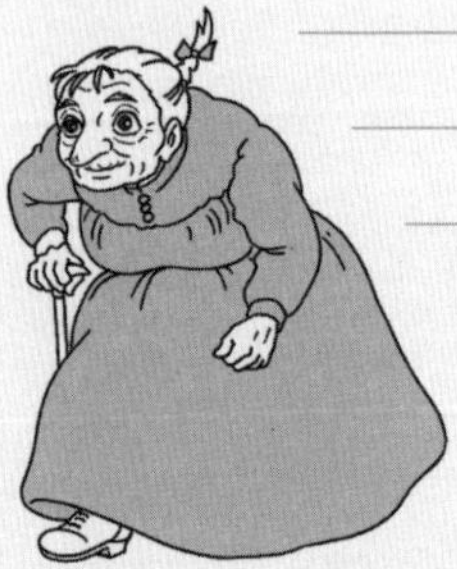

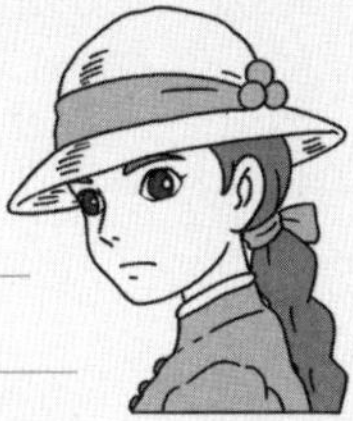

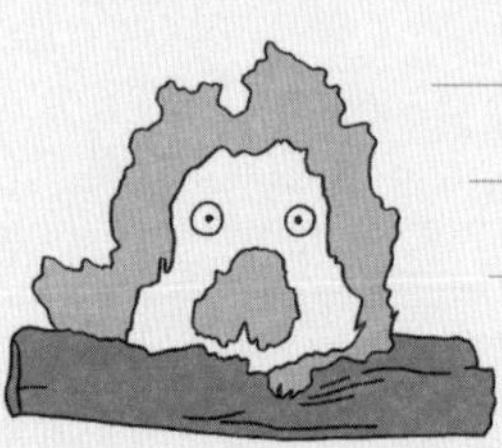